DEVENIR UN AS DE LINKEDIN®

Les étapes-clés pour renforcer ses relations professionnelles

Par Maïlys Charlier

50MINUTES.fr

DEVENIR UN AS
DE LINKEDIN®

- **Problématique ?** Comment mettre à profit ce réseau professionnel qu'est LinkedIn pour élargir son cercle de relations ?
- **Utilité ?** L'utilisation de LinkedIn permet de booster son networking et de se rendre visible sur le marché de l'emploi.
- **Contexte professionnel ?** Networking, recherche d'emploi, prospection de clients, recrutement, communication, *personal branding*.
- **FAQ ?**
  - Faut-il utiliser LinkedIn comme un complément des autres réseaux sociaux ?
  - Faut-il fournir des informations privées sur LinkedIn ?
  - Est-il nécessaire de faire un tri dans les expériences à ajouter à son profil ?
  - Faut-il rendre public son profil LinkedIn ?
  - Faut-il distinguer réseau professionnel et réseau personnel ?

- La fonction « Questions/Réponses » est-elle utile sur LinkedIn ?
- Est-il possible de traduire mon profil LinkedIn dans plusieurs langues ?
- Quelles sont les spécificités du compte LinkedIn Premium ?

Si vous utilisez Facebook, Twitter ou Instagram, vous avez sans doute acquis certains réflexes utiles également pour LinkedIn. Néanmoins, ce dernier n'est pas un réseau social comme les autres, et un profil efficace sur ce site requiert une attention particulière, ainsi que des idées claires quant à ce que vous recherchez en vous inscrivant.

LinkedIn, qui existe en version gratuite ou Premium, permet à ses utilisateurs de se constituer ou de renforcer un réseau de contacts professionnels, d'afficher leur parcours et d'être ainsi visibles pour les recruteurs.

> « Quand je me suis inscrite sur LinkedIn, j'ai directement pris le compte Premium, qui est gratuit le premier mois. Avec le compte Premium, on peut ajouter des contacts même si on n'a pas de connexions avec eux, on peut aussi leur en-

voyer des mails, voir qui consulte son profil. Pour chercher un emploi, c'est beaucoup plus efficace avec ce compte Premium, qui débloque toute une série de fonctionnalités supplémentaires. » (Aurélie, Event Organiser)

Mais l'outil n'est efficace que si on l'entretient, en nouant régulièrement de nouvelles relations dans son secteur d'activité, en mettant à jour son profil, en étant actif le plus souvent possible afin d'attirer l'œil des professionnels.

Vous cherchez un nouvel emploi ? Une manière de développer votre réseau de relations professionnelles ? Vous avez un compte LinkedIn, mais vous n'êtes pas sûr de l'utiliser à bon escient ? En moins d'une heure, ce petit livre vous guidera à travers les différentes étapes à suivre pour consolider vos relations professionnelles via LinkedIn.

B.A.-BA DU RÉSEAU SOCIAL LINKEDIN

L'entreprise se définit elle-même comme un réseau social permettant de « développer sa carrière, faciliter le dialogue entre professionnels, gérer son réseau de contacts » (WERTH (Hugues), « Le guide pour un profil complet et plus visible sur LinkedIn »). Il s'agit, en définitive, d'un mini blog qui permet de mettre en valeur vos compétences, vos expériences, vos qualités, votre réseau de contacts, vos réalisations.

Avec plus de 400 millions d'utilisateurs dans le monde, LinkedIn est devenu un réseau professionnel majeur au niveau international. Lancé en 2003, il permet de développer sa marque personnelle, d'amplifier son networking, de promouvoir son entreprise et est une excellente plateforme pour chercher un emploi. Professionnellement, LinkedIn est devenu le lieu où il faut être, et ce tant pour les recruteurs que pour les chercheurs d'emploi, puisque différents outils sont créés pour les deux parties.

UN PROFIL LINKEDIN D'EXPERT ABSOLU !

Un objectif clair

Avant de créer votre profil LinkedIn ou de le mettre à jour, il est important de vous poser les bonnes questions afin de déterminer le but que vous poursuivez. Recherchez-vous un nouvel emploi ? Souhaitez-vous développer votre réseau ? Voulez-vous dénicher de nouveaux talents pour un projet ? L'objectif recherché déterminera le type de profil que vous créerez. Si vous cherchez un emploi, vous présenterez vos qualités et votre domaine d'expertise, tout ce que vous pouvez apporter à une entreprise. Si vous souhaitez rencontrer des personnes évoluant dans le même secteur que vous (ou que celui qui vous intéresse), vous mettrez en avant vos contacts, ce que vous avez accompli, ce qui est séduisant chez vous. Étant donné que c'est vous qui décidez de l'ordre d'apparition des rubriques, vous pouvez moduler votre profil en fonction de vos attentes.

Des informations percutantes

Pour créer un profil LinkedIn qui attirera l'œil des personnes qui vous intéressent, il est important de le remplir consciencieusement (expériences, formations, compétences, région, résumé, etc.), en n'oubliant aucun détail et en étant aussi précis que possible. Commencez par donner les informations les plus importantes, en fonction de vos objectifs, à savoir : le secteur où vous voulez être référencé et l'intitulé de votre poste actuel – ou, si vous n'en avez pas, l'intitulé de votre métier. Cela permettra aux personnes qui

visitent votre profil de déterminer immédiatement quelle est votre spécialité professionnelle.
Tentez de le rendre créatif, tout en utilisant des
mots clés pertinents ; vous aurez plus de chances
de vous démarquer ! Évidemment, pensez aussi à
renseigner vos coordonnées de contact.

Écrivez quelques mots sur vous et votre parcours
dans la partie « résumé », tout en privilégiant
les informations importantes. L'utilisation de
la première personne du singulier et de phrases
courtes est conseillée pour cette partie. Faites
savoir d'emblée ce que vous recherchez *en ce
moment*, et n'oubliez évidemment pas d'actua-
liser régulièrement ces informations ! La partie
« résumé » est ce qui est le plus lu sur les profils
LinkedIn ; soyez donc attentif à bien soigner
cette rubrique. Il est déconseillé de faire ici un
copié-collé de son CV ; l'idée est d'en extraire le
meilleur, d'en faire une synthèse, de présenter
de manière brève et attractive votre parcours et
votre profil professionnels. Certains utilisateurs
LinkedIn vont plus loin en détaillant leurs objectifs de carrière dans cette partie. Mais quelles
que soient les informations sur lesquelles vous
choisissez de mettre l'accent ici, votre résumé ne

doit pas être trop long ; quelques lignes suffisent afin que les recruteurs puissent directement cibler votre profil sans avoir le temps de se laisser distraire.

À ÉVITER

Pour un profil LinkedIn qui marque les esprits, la photo de profil est un élément à ne pas négliger. Évitez les *selfies*, les photos prises avec votre webcam, vos photos de vacances, les lunettes de soleil, une photo de soirée, une photo floue. Il est également fortement déconseillé de ne pas mettre de photo du tout. Les profils avec photo sont largement plus consultés que les profils anonymes. Choisissez donc une photo professionnelle, récente, qui vous ressemble ; une photo où ne figurent pas votre conjoint, vos enfants ni vos amis, et dans une tenue que vous porteriez sur votre lieu de travail.

Ne négligez pas l'aspect multimédia et ajoutez à votre profil images et photos grâce à Pinterest ou SlideShare, vidéos avec YouTube, Vimeo ou Dailymotion, sons avec SoundCloud ou Mixcloud.

Vous pouvez aussi mettre en ligne par ce biais des documents et publications, comme votre CV et votre lettre de motivation, ou un mémoire, des articles, des livres, etc. Les sections « résumé », « expérience » et « formation » le permettent, donc ne vous en privez pas !

La section « compétences » est également une partie à exploiter sur LinkedIn. Le réseau social vous aide à lister une série de compétences selon les termes utilisés sur le marché de l'emploi. Lorsque vous recherchez une compétence, LinkedIn vous suggère un catalogue des termes les plus utilisés et vous laisse l'opportunité d'en lister jusqu'à 35. Et même d'y ajouter des compétences personnelles comme l'organisation du dîner annuel du quartier, l'écriture si vous tenez un blog ou autres compétences également utiles dans votre vie professionnelle. Placez-y donc toutes les compétences que vous estimez posséder. LinkedIn vous offre même la possibilité d'appuyer cette liste de compétences par les recommandations de vos pairs via la fonction « recommandations ». Vos collègues, professeurs, employeurs, clients, stagiaires ont la possibilité de vous attribuer toute une série de compétences et d'écrire quelques lignes sur vous. Plus vous aurez de recommandations pertinentes, plus les employeurs seront attentifs à votre profil.

UNE VISIBILITÉ FACILEMENT ACCRUE

L'importance de l'URL

LinkedIn vous donne la possibilité de personnaliser votre URL. Cette fonctionnalité proposée à tout utilisateur a deux utilités :

- la première est le fait de pouvoir partager le lien vers votre profil tout en restant professionnel. Une belle URL bien nette, bien propre, sans une série de chiffres insignifiants, est en effet bien plus vendeuse ;
- la seconde, c'est qu'au lieu de votre nom, vous pouvez choisir de faire apparaître votre métier, votre fonction. Ceci vous permet d'indiquer directement votre domaine d'expertise ou, grâce à quelques mots clés ciblés, d'être mieux référencé dans les moteurs de recherche.

Une fois l'URL personnalisée, ajoutez-la en signature de vos mails, sur vos pages Facebook et Twitter, sur votre CV, sur vos cartes de visite, etc.

L'impact des mots clés

Pour attirer l'attention des professionnels et rendre votre profil plus visible, il faut qu'il soit bien référencé. C'est notamment grâce aux mots clés que vous glisserez un peu partout sur votre profil que vous pourrez y parvenir. En effet, c'est principalement en faisant des recherches par mots clés dans les rubriques « compétences », « expérience » et « résumé » qu'un recruteur contacte l'un ou l'autre candidat potentiel. Ce sont donc ces mots clés là qu'il faut retrouver dans vos descriptions.

Comment savoir quels sont les mots clés qui définissent votre profil professionnel ? Mettez-vous dans la peau d'un employeur qui recherche un profil particulier. Faites un tour sur les offres d'emploi pour choisir les mots clés adéquats. De manière générale, sachez qu'il est préférable d'utiliser des mots ou des verbes d'action plutôt que des termes alambiqués qui décrivent votre personnalité globale.

Des interactions bien gérées

LinkedIn vous permet de personnaliser votre signature et de l'intégrer dans vos mails grâce au script HTML. Plusieurs modèles sont disponibles et il suffit de remplir les champs, sans oublier d'y inclure des liens vers votre profil, votre site internet ou votre blog. À l'inverse, pensez à ajouter un badge LinkedIn sur votre blog ou votre site internet.

Pour améliorer encore plus la visibilité de votre profil, utilisez les autres réseaux sociaux. Intégrez vos sites, blogs, compte Twitter et profil Facebook à votre compte LinkedIn. Il est également possible de lier directement votre profil LinkedIn avec Twitter et Facebook, via les paramètres de vos comptes sur ces deux derniers réseaux. Ainsi, vos publications LinkedIn s'afficheront sur Facebook ou Twitter (et pas l'inverse) : un bon moyen de communiquer votre profil LinkedIn à vos amis et de renvoyer vers celui-ci. Cependant, il faudra être d'autant plus attentif à ce que vous postez et à quel rythme, afin de ne surcharger aucun réseau social d'informations inutiles ou peu pertinentes.

LinkedIn est ainsi un réseau social qui « fait le lien ». Il vous permet aussi d'ajouter toute une série d'applications à votre profil. Dans l'onglet « Plus », il vous suffit de cliquer sur « Obtenir plus d'applications » afin de choisir celles qui vous correspondent parmi la liste proposée. Ainsi, vous pouvez lier votre site WordPress à votre profil LinkedIn. Vos dernières publications seront donc automatiquement ajoutées sur LinkedIn. Vous avez également l'opportunité de mettre en avant vos réalisations via Portfolio Display ou encore SlideShare. Bien qu'un peu moins en lien avec votre parcours professionnel, Reading

List by Amazon vous propose d'afficher la liste de vos dernières lectures, tandis que MyTravel montre les dernières destinations où vous vous êtes rendu.

MULTIPLIER SES CONNEXIONS GRÂCE À LINKEDIN

Des relations sur plusieurs niveaux

LinkedIn offre différents outils de networking tels que « Classmates » ou « Universités », qui permettent de retrouver ses anciens camarades de classe. Pour pouvoir ajouter quelqu'un à ses contacts, il faut un lien avec la personne (école, lieu de travail, stage, amis, etc.) et il faut pouvoir justifier ce lien. Cette sécurité permet à chacun d'éviter d'être noyé sous les spams. La première chose à faire est donc d'ajouter toutes les personnes que l'on connaît de par ses expériences professionnelles ou ses formations. Partez à la recherche de vos collègues, anciens collègues, connaissances évoluant dans le même secteur d'activité que vous. L'important est d'étoffer votre liste de contacts de manière à ce qu'elle colle parfaitement à votre profil.

Le réseau professionnel fonctionne par niveau de relation. Le premier niveau correspond à vos propres relations, celles avec qui vous êtes en contact direct à travers LinkedIn, qui font partie de votre network. Le deuxième niveau rassemble les relations de vos contacts. Quant au troisième niveau, il est constitué des relations de vos contacts de niveau 2. C'est en se basant sur ces degrés de « proximité » que LinkedIn vous suggère des personnes à ajouter à votre réseau. Lorsque vous souhaitez entrer en relation avec des contacts de niveau 2 ou 3, LinkedIn vous propose de le faire par l'intermédiaire de vos contacts de niveau 1. Cependant, il est possible, si l'on possède l'abonnement Premium, de faire une demande directe à la personne concernée, en utilisant les mails internes de LinkedIn – les InMails.

Au moment d'envoyer une invitation à quelqu'un, évitez le texte par défaut proposé par LinkedIn. Au contraire, personnalisez au maximum ce message de sollicitation puisque c'est par ce biais que la personne décidera ou non de vous ajouter. Rappelez à la personne qui vous êtes et dans quel cadre vous auriez pu vous croiser, expliquez ce que vous attendez de cette personne et demandez-lui de se mettre en contact avec vous. Veillez toutefois à ne pas envoyer trop d'invitations en une fois, car LinkedIn fait la chasse aux spams et vous risqueriez d'être désigné comme spammeur.

Une personne faisant partie de vos contacts de niveau 2 ou 3 peut bien évidemment également vous contacter hors LinkedIn si vous avez correctement indiqué vos coordonnées. S'il est facile de vous joindre sans passer par l'invitation de contact LinkedIn (et donc de ne pas payer pour un InMail), vous aurez beaucoup plus de retours de professionnels.

Des discussions de groupe

Une autre manière de gonfler son réseau professionnel sur LinkedIn, ce sont les groupes. Participer à des groupes thématiques et aux discussions de ces groupes vous permettra de toucher des personnes liées à votre secteur d'activité. Au sein de ces groupes qui réunissent des experts d'un même domaine, il est possible d'échanger des conseils, de partager son expertise, de donner son avis sur une série de sujets. LinkedIn vous laisse ainsi la possibilité de vous inscrire dans un maximum de 50 groupes. Y être actif est un bon moyen de vous faire remarquer par des professionnels de votre secteur, mais aussi d'accroître votre réseau de contacts. Faites attention cependant à ne pas en faire trop et à rester pertinent dans vos interventions.

Sur le long terme, pensez à trier vos inscriptions à des groupes. Si l'un d'entre eux vous a été utile par le passé, il ne l'est plus forcément aujourd'hui, vos intérêts professionnels évoluant constamment.

Faire vivre son réseau

Une fois que votre réseau est établi, il s'agira de l'entretenir en restant actif et attentif aux activités de vos contacts. Si vous voyez que l'un d'eux vient de décrocher un nouveau job, félicitez-le. N'ignorez pas les questions de vos contacts si votre expérience vous permet d'y apporter une réponse pertinente. Utilisez les recommandations : ajoutez des compétences à vos collègues ou anciens collègues, et ne manquez pas d'y joindre une courte recommandation écrite. Plus vous recommandez vos pairs, plus ceux-ci vous rendront la pareille. Cela a pour effet, d'une part, de mettre en valeur vos expériences et compétences et, d'autre part, d'entretenir de bonnes relations avec vos contacts.

Au travail, si vous avez un bon rapport avec certains collègues ou avec vos supérieurs, n'hésitez pas à leur demander de vous ajouter quelques compétences, voire de vous écrire une recommandation. Celles de votre entourage professionnel proche détiennent évidemment beaucoup plus de valeur.

Coin employé

Posséder un profil LinkedIn ne suffit pas. Rester passif avec un profil qui n'est jamais mis à jour ne vous sera pas profitable. Aucun employeur ne tombera par hasard sur votre profil si vous ne le faites pas vivre régulièrement. À vous de rester à l'affût des départs et des offres d'emploi et de vous manifester en temps voulu. En attendant que le poste de vos rêves se libère, proposez du contenu de qualité, postez des news, faites des annonces. Et interagissez avec les autres utilisateurs, les profils d'entreprises ou sur certains groupes liés à votre secteur d'activité afin de vous faire repérer.

Compte Premium

Si vous vous sentez limité par les fonctionnalités de LinkedIn, le réseau social vous offre la possibilité d'aller plus loin via ses formules payantes. Celles-ci permettent d'obtenir d'autres services et de rendre votre profil encore plus performant. Plusieurs options existent en fonction de vos besoins et de vos objectifs. Si vous recherchez un emploi, ce compte Premium vous permettra d'être remarqué par des managers et d'entrer en contact avec des recruteurs. Grâce au compte payant, vous pourrez facilement envoyer un message à n'importe quel utilisateur de LinkedIn et ainsi agrandir votre réseau. Si vous êtes un employeur, là aussi, LinkedIn Premium vous facilitera la tâche et vous aidera à trouver rapidement des talents à recruter. Avec le compte Premium, vous aurez également accès à la liste complète des personnes qui ont consulté votre profil.

EN RÉSUMÉ

Les points essentiels pour optimiser son profil LinkedIn sont :

- un titre accrocheur ;

- un profil complet et actualisé régulièrement ;
- un profil enrichi à l'aide de photos, vidéos,
  articles, documents, etc. ;
- l'utilisation de mots clés ciblés ;
- l'inscription et la participation active à
  quelques discussions de groupe pertinentes ;
- le suivi d'entreprises de son secteur ;
- la création et l'animation d'un réseau de
  contacts.

TOP CONSEILS

- Consultez le profil d'autres membres de LinkedIn qui évoluent dans le même secteur d'activité que vous. Notez tout ce qui vous intéresse, ainsi que ce qui est récurrent chez plusieurs personnes. Cela vous aidera à cibler ce qu'il est important de mentionner sur votre profil pour qu'il soit efficace.

LE SAVIEZ-VOUS ?

Il est désormais possible d'avoir une photo de couverture sur son profil LinkedIn. À la manière de Facebook, vous pouvez soigner l'arrière-plan de votre profil afin de le rendre encore plus attractif.

- Choisissez un titre adéquat. Le titre de votre profil apparaît juste en dessous de votre nom. Il est donc primordial d'en choisir un qui soit percutant ! D'autant plus que celui-ci se retrouvera également dans les recherches Google.

- Facilitez la prise de contact en ajoutant votre adresse mail, votre site web et vos profils Facebook, Twitter ou autres. Les utilisateurs LinkedIn qui ne sont pas dans votre liste de contacts doivent pouvoir vous joindre aisément s'ils tombent sur votre description.
- Entrez dans les détails. Surtout dans la section « expérience », qui vous permet de joindre des réalisations ou des documents et de taguer les entreprises pour lesquelles vous avez déjà travaillé. Donnez un maximum de détails quant à la fonction que vous y avez occupée et mentionnez les projets auxquels vous avez collaboré.
- Pensez multimédia. Profitez des fonctionnalités de LinkedIn pour ajouter un maximum de contenu multimédia : hyperliens, PDF, PowerPoint, vidéos, images, photos, etc.

Petit plus

Afin de mettre votre profil en avant et de vous faire remarquer au sein de votre domaine, pensez à alimenter quotidiennement votre profil avec des informations en lien avec votre activité, comme les projets sur lesquels vous travaillez actuellement (s'ils ne sont pas confidentiels évidemment), une offre d'emploi de votre entreprise ou des articles pertinents.

- Soyez actif. Posez des questions, participez aux discussions sur les groupes et sous-groupes liés à votre activité, donnez des réponses pertinentes aux questions courantes.
- N'hésitez pas à créer des groupes et ajoutez-les à l'annuaire LinkedIn. Cela vous permettra de vous démarquer tout en mettant en avant vos compétences. Ces groupes vous permettront aussi de donner ou recevoir des conseils et de discuter sur des thématiques liées à votre profil.
- Créez des alertes afin de recevoir des notifications pour des informations que vous jugez utiles, que ce soit pour votre recherche d'emploi ou dans le cadre de votre networking.
- Recommandez les compétences de vos relations ; celles-ci vous rendront surement la pareille ! Le but est d'accumuler de bonnes recommandations de la part de plusieurs travailleurs de votre secteur, et ce tout au long de votre parcours professionnel.

Nous vous déconseillons d'accepter toutes les invitations proposées par défaut par LinkedIn. Pour vous constituer un réseau professionnel utile, pensez à n'ajouter que les personnes qui sont liées à votre activité ou, dans le cas contraire, que vous connaissez bien, et qui peuvent mener à des opportunités d'emploi. C'est aussi en fonction de vos relations que votre futur employeur peut décider ou non de vous engager. S'il voit que vous avez des contacts dans votre secteur d'activité, votre candidature sera plus facilement remarquée. Lorsque vous essayez de vous connecter à des personnes que vous ne connaissez pas directement, pensez à écrire un message personnalisé.

- Parlez de vous. Ne restez pas trop généraliste sur ce réseau social : n'hésitez pas à donner quelques détails personnels pertinents (sur vos passions, vos hobbies, les organisations humanitaires et associations que vous soutenez, etc.). Ceux-ci permettront aux recruteurs d'avoir une meilleure idée de qui vous êtes.

- Tenez votre profil à jour. Par exemple, une fois que vous aurez multiplié les expériences, pensez à effacer vos stages, jobs alimentaires ou autres jobs étudiants de votre profil pour ne garder que vos expériences principales, celles qui peuvent avoir le plus d'impact sur votre futur emploi.

VOTRE MOMENT QUOTIDIEN SUR LINKEDIN

Rassemblez toutes les actions quotidiennes à mener sur votre compte LinkedIn.

- Commencez par choyer vos contacts : validez et recommandez leurs compétences, aimez leurs actualités, félicitez-les lorsqu'ils publient une information professionnelle importante.
- Ensuite, occupez-vous de votre profil : mettez à jour certaines données si besoin, partagez des informations importantes, alimentez les groupes dont vous faites partie, consultez la liste des personnes qui sont venues visiter votre profil, cherchez de nouveaux contacts, ajoutez-en d'autres.

- De temps en temps, faites le tri dans vos contacts, vos groupes, vos expériences, etc.

FAQ

FAUT-IL UTILISER LINKEDIN COMME UN COMPLÉMENT DES AUTRES RÉSEAUX SOCIAUX ?

LinkedIn est un réseau professionnel. Il est donc à dissocier des autres réseaux sociaux plus informels tels que Facebook, Twitter, Instagram ou encore Pinterest, et peut être utilisé en parallèle.

Pour un profil efficace sur un réseau professionnel, il faut y consacrer du temps, quotidiennement. Il est donc préférable de se concentrer uniquement sur un seul réseau afin d'exploiter ses fonctionnalités au maximum, y être actif tous les jours et réserver régulièrement un créneau à la mise à jour de son profil. Il est préférable d'utiliser les autres réseaux sociaux pour d'autres objectifs, plus personnels. Inutile de faire de chaque profil une vitrine professionnelle. Ceci dit, un réseau privé, comme Facebook, peut bien évidemment être mis à contribution pour échanger des informations professionnelles.

FAUT-IL FOURNIR DES INFORMATIONS PRIVÉES SUR LINKEDIN ?

Comme sur un CV, certains aspects de votre personnalité sont intéressants à mettre en avant pour donner de vous une meilleure image professionnelle – si vous faites du bénévolat ou que vous soutenez une cause humanitaire par exemple. Vos recruteurs s'intéressent à ce que vous faites de votre temps libre. Ils attachent également de l'importance à la personne que vous êtes, puisque vous allez potentiellement vous retrouver à travailler avec eux. Dévoiler quelques détails personnels flatteurs est donc une bonne stratégie pour rassurer les recruteurs. Attention toutefois à ne pas tout mélanger ! Gardez pour vous une partie de votre sphère privée (votre situation familiale, par exemple).

<u>À ÉVITER</u>

Lorsque vous cherchez un nouvel emploi mais que vous travaillez encore, mieux vaut éviter que votre employeur actuel voie votre profil sur LinkedIn. N'oubliez pas de régler vos paramètres de confidentialité (dans « Préférences ») afin que vos collègues ne soient pas avertis de vos modifications sur votre profil, de vos nouvelles relations ou du fait que vous vous soyez récemment ajouté à des groupes chez des concurrents. Ces paramètres de confidentialité vous permettront de cacher à votre employeur actuel que vous êtes à la recherche de nouvelles opportunités.

EST-IL NÉCESSAIRE DE FAIRE UN TRI DANS LES EXPÉRIENCES À AJOUTER À SON PROFIL ?

LinkedIn est une vitrine sur laquelle vous vous vendez, quel que soit l'acheteur que vous recherchez (un partenaire, un associé, un employeur, etc.). Il vaut mieux faire une sélection de vos expériences pertinentes et liées à votre projet professionnel plutôt que d'ajouter pêle-mêle toutes vos expériences, stages et jobs étudiants y compris.

Choisissez quelques expériences en précisant, en quelques phrases concises, les compétences acquises et ce que vous avez accompli. Soyez détaillé sans être littéraire. Ciblez au maximum votre profil en fonction de vos objectifs, en faisant un tri dans les différentes formations que vous avez suivies et dans les divers postes que vous avez occupés. Attention tout de même à ne pas laisser de grands creux temporels afin de toujours prouver que vous n'avez pas été inactif.

Pour compléter votre profil, n'oubliez pas de placer dans l'en-tête – pour une meilleure visibilité – les liens externes vers votre site internet ou votre blog si vous en avez un, vers votre page Facebook si vous l'utilisez de manière professionnelle, vers votre chaîne YouTube si vous évoluez dans le secteur audiovisuel, etc. Renvoyez vers toutes vos autres réalisations qui mettraient votre profil en avant.

FAUT-IL RENDRE PUBLIC SON PROFIL LINKEDIN ?

Comme pour tous les réseaux sociaux, il est possible de modifier les paramètres de confidentialité de vos publications (statut, compétences, expériences, etc.) sur LinkedIn. Vous pouvez décider de qui aura accès à votre flux d'activité ou à vos mises à jour, et de ce que pourront voir les personnes qui ne sont pas en contact avec vous quand elles consultent votre profil. À vous de choisir quelles informations vous voulez ou non rendre publiques. L'idéal reste de ne pas trop en montrer d'entrée de jeu, afin d'inciter les professionnels à vous ajouter dans leur réseau de contacts s'ils veulent en savoir plus. Attisez la curiosité pour agrandir votre réseau !

FAUT-IL DISTINGUER RÉSEAU PROFESSIONNEL ET RÉSEAU PERSONNEL ?

Il est vivement conseillé de séparer la sphère privée de la sphère professionnelle. Surtout sur les réseaux sociaux. Et encore plus sur les réseaux sociaux professionnels. Créez-vous deux comptes LinkedIn si vous souhaitez utiliser ce réseau à des fins plus intimes. Mais la meilleure chose à faire est sans doute de garder le côté personnel sur d'autres sites tels que Facebook, Twitter ou Instagram. Ce qui, comme nous l'avons déjà souligné, ne doit pas vous empêcher d'échanger dans certains cas des informations professionnelles sur vos réseaux privés.

LA FONCTION « QUESTIONS/ RÉPONSES » EST-ELLE UTILE SUR LINKEDIN ?

Cette fonctionnalité permet de se faire remarquer sur le réseau social. Si l'on répond pertinemment aux réponses et que l'on pose des questions pertinentes, on obtiendra plus rapidement de nouveaux contacts. Cela permet à l'utilisateur d'élargir son réseau professionnel. Lorsque vous posez des questions, faites-le de manière à attirer des experts dans votre secteur d'activité. Demandez conseil pour un logiciel ou une application par exemple. Par ailleurs, traquez les questions qui concernent votre domaine de compétence afin d'y répondre.

EST-IL POSSIBLE DE TRADUIRE MON PROFIL LINKEDIN DANS PLUSIEURS LANGUES ?

Il est possible de dupliquer son profil dans plusieurs langues, ce qui facilite la visibilité pour des recruteurs d'autres pays ou des recruteurs qui ne parlent pas français. Si vous envisagez d'aller travailler à l'étranger, cette option est utile !

QUELLES SONT LES SPÉCIFICITÉS DU COMPTE LINKEDIN PREMIUM ?

Le compte Premium est la formule payante de LinkedIn. Celle-ci vous permet d'utiliser d'autres fonctionnalités du réseau professionnel et d'optimiser votre profil. Il existe quatre versions du compte Premium : Personal, Talent, Sales et Business. Chaque version comprend des fonctionnalités différentes mais a des spécificités communes pour vous aider à trouver le job de vos rêves, contacter les personnes que vous souhaitez, trouver des talents et multiplier les opportunités commerciales. Le compte Premium vous permet aussi de voir la liste complète des personnes qui ont consulté votre profil. Et enfin, il offre la possibilité à tous de voir votre profil complet et d'entrer en contact avec vous si vous vous définissez comme « Open Profile ».

À VOUS DE JOUER !

CHECK-LIST POUR UN PROFIL AU TOP

Pour vous doter d'un profil optimal et efficace sans rien oublier, utilisez la check-list ci-dessous pour créer puis pour mettre à jour votre profil.

	Check
Groupes	
Inscriptions	
Interactions (questions/réponses, conseils, etc.)	
Divers	
Mots-clés	
Multimédia (photos, vidéos, SlideShare, etc.)	
Liens avec d'autres réseaux sociaux, sites internet	
Applications	

	Check
Profil	
Photo	
Titre	
Résumé	
Formations	
Compétences	
Expériences	
URL	
Contacts	
Recherches à plusieurs niveaux	
Envoi d'invitations (automatiques ou personnalisées)	
Interactions (félicitations, questions/ réponses, etc.)	
Recommandations	

LE PETIT PLUS : LINKEDIN OUTLOOK CONNECTOR

Cette application crée automatiquement un contact Outlook pour chacune de vos relations

LinkedIn. Vos contacts ne devront donc plus être installés manuellement sur Outlook, ce qui vous garantit un gain de temps considérable. De plus, vous évitez les erreurs d'encodage.

Votre avis nous intéresse !
Laissez un commentaire sur le site de votre
librairie en ligne et partagez vos coups de cœur sur
les réseaux sociaux !

POUR ALLER PLUS LOIN

SOURCES BIBLIOGRAPHIQUES

- GUICHARNAUD (Angèle), « 5 points à changer immédiatement sur votre profil LinkedIn », in NouvelObs.com, juin 2015, consulté le 2 février 2016.
http://tempsreel.nouvelobs.com/bien-bien/20150618.OBS1104/5-points-a-changer-immediatement-sur-votre-profil-linkedin.html

- LARENG (Jean-Paul), « Les sept points clé d'un profil LinkedIn attractif », in LinkedIn.com, juillet 2014, consulté le 2 février 2016.
https://www.linkedin.com/pulse/20140713130047-36412962-les-7-points-cl%C3%A9-d-un-profil-linkedin-attractif

- « Les 8 erreurs à ne jamais commettre sur LinkedIn », in Huffington Post, mars 2013, consulté le 2 février 2016.
http://www.huffingtonpost.fr/learnvest/erreurs-profil-linkedin_b_2866683.html

- LHAMEEN (Sophie), « LinkedIn : 6 conseils pour créer votre profil parfait », in Cadre-Dirigeant-Magazine.com, octobre 2013, consulté le 2 février 2016.
http://www.cadre-dirigeant-magazine.com/reussir-en-entreprise/vie-quotidien-cadre/linkedin-6-conseils-creer-profil-parfait/

- MARCH (Valérie), Comment développer votre activité grâce aux médias sociaux (2e éd.), Malakoff, Dunod, 2015.

- « Optimiser son profil LinkedIn et développer son réseau », in CommentÇaMarche.net, s.d., consulté le 1er février 2016.
http://www.commentcamarche.net/faq/32052-optimiser-son-profil-linkedin-et-developper-son-reseau

- PAYET (Gilles), « 5 conseils pour améliorer votre profil LinkedIn », in 20minutes.fr, mai 2015, consulté le 2 février 2016.
http://www.20minutes.fr/economie/1614299-20150526-5-conseils-ameliorer-profil-linkedin

- ROBVEILLE (Julie), « Rendre votre profil LinkedIn irrésistible en 11 étapes », in Social-Media-for-You.com, décembre 2012, consulté le 29 juin 2016.
https://www.social-media-for-you.com/11-astuces-pour-rendre-votre-profil-linkedin-irresistible/

- ROPARS (Fabian), « 10 conseils pour optimiser son profil LinkedIn », in BlogduModerateur.com, février 2015, consulté le 2 février 2016. http://www.blogdumoderateur.com/optimiser-profil-linkedin/

- WERTH (Hugues), « Le guide pour un profil complet et plus visible sur LinkedIn », in Business.LinkedIn.com, consulté le 1er février 2016. https://business.linkedin.com/content/dam/business/talent-solutions/regional/fr_FR/site/pdf/playbooks/linkedin-guide-profil-complet.pdf

ISBN ebook : 978-2-8062-7901-9
ISBN papier : 978-2-8062-7902-6
Dépôt légal : D/2016/12603/181
Photo de couverture : © Sergey Nivens - Fotolia.com.

Conception numérique : Primento,
le partenaire numérique des éditeurs.